महाभारत
की कहानियाँ

अभिमन्यु की मृत्यु

सुभद्रा सेन गुप्ता

Om KIDZ
An imprint of Om Books International

आज बारहवाँ दिन था और कौरवों एवं पांडवों के बीच अब भी युद्ध जारी था। एक-एक करके सभी महान योद्धा कुरुक्षेत्र के युद्ध में अपने प्राण गँवाते जा रहे थे।

युद्ध के तेरहवें दिन गुरु द्रोणाचार्य ने एक नई रणनीति बनाई। कौरवों ने युद्धभूमि में अपने सैनिकों को एक चक्र के आकार में व्यवस्थित किया, जिसे चक्रव्यूह कहा जाता है। वे जानते थे कि कुछ ही योद्धा इस चक्रव्यूह को तोड़ने में सक्षम हैं।

जब पांडवों को इस योजना के बारे में जानकारी मिली तब भीम ने युधिष्ठिर से कहा, "यदि हमने शीघ्र ही इस चक्रव्यूह को नहीं तोड़ा तो पांडवों की सेना समाप्त हो जाएगी।"

नकुल ने पूछा, "क्या हमारे योद्धाओं में से किसी को भी युद्ध की इस संरचना में प्रवेश करना आता है?"

युधिष्ठिर ने कहा, "केवल अर्जुन एवं कृष्ण ही इस चक्रव्यूह को भेदने में सफल हो सकते हैं।"

किंतु वे दोनों युद्धभूमि में इतनी दूरी पर थे कि वहाँ से समय पर लौटना सम्भव नहीं था।

उसी समय युवा योद्धा अभिमन्यु आगे आया और उसने कहा, “मुझे चक्रव्यूह में प्रवेश का मार्ग पता है।” वह कृष्ण की बहन सुभद्रा एवं अर्जुन का पुत्र था।

भीम ने पूछा, “तुम्हें किसने सिखाया?”

अभिमन्यु ने रहस्योद्‌घाटन करते हुए बताया कि जब वह अपनी माता के गर्भ में था, तब अर्जुन ने अपनी पत्नी सुभद्रा को चक्रव्यूह में प्रवेश करने के उपाय के बारे में विस्तार से बताया था। "मैंने अपने पिता की बात सुनी थी, इसलिए मैं चक्रव्यूह को तोड़कर उसमें प्रवेश करने का उपाय जानता हूँ।"

इस प्रकार युवा अभिमन्यु ने पांडव वीरों का नेतृत्व किया और चक्रव्यूह की ओर ले गया। किंतु समस्या यह थी कि उसे व्यूह में प्रवेश करना तो आता था, लेकिन उसे तोड़ना एवं उससे बाहर निकलने का उपाय नहीं पता था। युधिष्ठिर ने बाहर निकलने में उसकी सहायता करने का वचन दिया।

अभिमन्यु के चक्रव्यूह में प्रवेश के तुरंत बाद कौरव सेना के जयद्रथ ने तेज़ी से अपने रथ को उसके प्रवेश द्वार पर ले जाकर खड़ा कर दिया। उसने इस प्रकार अन्य पांडव योद्धाओं का मार्ग रोक दिया। फलस्वरूप उस व्यूह में अभिमन्यु के साथ मिलकर युद्ध करने वाला कोई भी नहीं था।

चक्रव्यूह के अंदर अभिमन्यु ने अकेले ही शक्तिशाली कौरव योद्धाओं एवं वीरों से युद्ध किया। उस छोटे-से बालक ने बड़ी ही वीरता से लड़ाई की किंतु युद्ध के नियमों के विरुद्ध कौरवों ने उसे पराजित कर दिया और युद्ध करते हुए उसके प्राण चले गए।

जब तक अर्जुन एवं कृष्ण युद्धभूमि में पहुँचे, तब तक अभिमन्यु मारा जा चुका था और क्रोधित अर्जुन ने भीषण युद्ध कर चक्रव्यूह का नाश कर दिया।

जब अर्जुन अपने पुत्र के मृत शरीर के सामने बैठकर शोक मना रहे थे, तब उन्हें बताया गया कि किस प्रकार कौरव योद्धाओं ने अभिमन्यु का वध किया एवं जयद्रथ ने चक्रव्यूह के प्रवेश मार्ग को बंद कर दिया था।

यह सब सुन अर्जुन ने एक ऐसी प्रतिज्ञा ली जिसे सुनकर सभी अवाक् रह गए। अर्जुन ने कहा, "उन लोगों ने युद्ध के नियमों का उल्लंघन किया है एवं मेरे पुत्र की मृत्यु का उत्तरदायी जयद्रथ है। मैं प्रण लेता हूँ कि कल सूर्यास्त से पहले मैं जयद्रथ का वध करूँगा और यदि मैं ऐसा नहीं कर पाया, तो मैं आत्महत्या कर लूँगा।"

अगली सुबह कौरव योद्धाओं ने जयद्रथ को अर्जुन के क्रोध से बचाने के लिए उसे घेर लिया। क्षितिज पर सूर्य अस्त हो रहा था और जयद्रथ अब तक जीवित था।

कृष्ण ने अपनी माया से संध्या होने का भ्रम फैला दिया। जयद्रथ सुरक्षा घेरे से बाहर आया। उसे देखते ही अर्जुन ने उसका वध करके अपनी प्रतिज्ञा पूरी की।

कुरुक्षेत्र के महान युद्ध के अंत में जीवित बच जाने वाली पांडवों की एकमात्र संतान अभिमन्यु का पुत्र परीक्षित था।

युधिष्ठिर के बाद परीक्षित ही हस्तिनापुर एवं इंद्रप्रस्थ के सिंहासन पर बैठा।